RECHERCHES

SUR

L'ÉTAT DES ÉTUDES

DE DROIT ROMAIN

EN TOSCANE AU XIe SIÈCLE

PAR

LUIGI CHIAPPELLI

AVOCAT

Extrait de la *Nouvelle Revue historique de droit français et étranger*
Mars-Avril 1896

PARIS
LIBRAIRIE DE LA SOCIÉTÉ DU RECUEIL GÉNÉRAL DES LOIS ET DES ARRÊTS
ET DU JOURNAL DU PALAIS
Ancienne Maison L. LAROSE et FORCEL
22, *Rue Soufflot*, 22
L. LAROSE, Directeur de la Librairie
1896

RECHERCHES

SUR

L'ÉTAT DES ÉTUDES

DE DROIT ROMAIN

EN TOSCANE AU XIe SIÈCLE

PAR

Luigi CHIAPPELLI

AVOCAT

PARIS

LIBRAIRIE DE LA SOCIÉTÉ DU RECUEIL GÉNÉRAL DES LOIS ET DES ARRÊTS
ET DU JOURNAL DU PALAIS
Ancienne Maison L. LAROSE et FORCEL
22, Rue Soufflot, 22

L. LAROSE, Directeur de la Librairie

1896

Extrait de la *Nouvelle Revue historique de droit français et étranger*.
Mars-Avril 1896

RECHERCHES

SUR

L'ÉTAT DES ÉTUDES DE DROIT ROMAIN

EN TOSCANE AU XIe SIÈCLE

On peut considérer comme historiquement exacts et donnant un tableau fidèle du temps, les vers bien connus de Wipo dans le *Tetralogus* qui font allusion à la renaissance des études de droit en Italie au XIe siècle :

Hoc servant Itali post prima crepundia cuncti,
Et sudare scolis mandatur tota iuventus (1).

La savante édition de la glose de Walcausa, les magistrales éditions des *Quæstiones de iuris subtilitatibus* et de la *Summa Codicis* d'Irnerius publiées par Fitting ont montré, d'une façon péremptoire, de quel éclat brillaient au XIe siècle les études de droit romain au centre même du droit longobard, à Pavie, et à l'école de Rome.

Notre étude apporte une nouvelle confirmation aux vers de Wipo. Il nous semble que, dans l'état actuel des études historiques, on peut affirmer qu'au XIe siècle les études de droit romain furent assez développées en Toscane, et aussi qu'en dehors de l'influence des écoles de Rome, de Pavie, de Ravenne, vint encore affluer à Bologne un courant d'études juridiques qui venait des écoles toscanes.

On ne pourra, il est vrai, donner une démonstration décisive de ce point, tant qu'on ne connaîtra pas mieux les matériaux des riches archives toscanes (2); mais il ne sera pas inutile de recueillir des éléments qui serviront de point de départ à de

(1) Wiponis-Tetralogus, v. 197 suiv.
(2) J'espère que M. Zdekauer, profond investigateur de ces archives, pourra compléter cette étude, dont il m'a donnée la première inspiration.

nouvelles recherches, et à éclairer toujours mieux la marche générale du progrès des études juridiques au XIe siècle. Il deviendra toujours plus évident que les premières lueurs de la science romaniste renaissante doivent être recherchées à une date plus ancienne que le XIe siècle. Tout cet immense domaine de l'histoire littéraire du droit d'avant le XIIe siècle est comme un pays inconnu, dans lequel il faut chercher à pénétrer, à ouvrir des routes, à poser des pierres milliaires, qui serviront aux explorations futures.

Il faut évidemment faire porter les recherches principalement sur les trois centres où ce courant de science juridique a pu se développer : ce sont les tribunaux de la grande comtesse Mathilde, la ville de Pise et la ville de Florence. Les tribunaux de la comtesse Mathilde, en effet, étaient composés d'un grand nombre de juges et d'avocats toscans, et ils nous donnent comme un reflet de la science juridique du temps par les citations des sources du droit romain dont on faisait usage dans les documents judiciaires. On sait, d'autre part, que lorsque Lucques cessa d'être le centre de l'organisation longobarde en Toscane, Pise et Florence se disputèrent et obtinrent successivement la première place. Grâce à ses anciennes relations commerciales, et à ses rapports avec l'Orient (1), Pise présentait des conditions favorables pour la renaissance des études de droit. Florence, de son côté, se soustrayait de jour en jour à la juridiction impériale et y substituait ses tribunaux propres qui devinrent ensuite une des causes de sa liberté (2); elle cherchait continuellement à ouvrir des routes à son commerce croissant avec Rome et avec la Lombardie, et à se servir de la route maritime, en luttant contre tous les châteaux féodaux qui encombraient les routes (3); et, construite sur le modèle de Rome, elle se constituait sa fille aînée en conservant ses anciennes traditions. Dante a peint l'ancienne femme de Florence, qui pendant le travail parle

. . . . colla sua famiglia
De' Troiani, e di Fiesole, e di Roma.

(1) Les navires de Pise sont mentionnés même par Grégoire le Grand.
(2) Villari, *I primi due secoli della storia di Firenze*, I, 80.
(3) Muratori, *Antiq. Ital.*, édit. Arezzo, 1773, XIII, 267.

Florence ne pouvait pas rester étrangère à ce mouvement renaissant des études juridiques du droit romain. Nous montrerons que c'est spécialement dans ces trois centres qu'apparaissent des signes visibles de renaissance des études de droit romain.

I.

Les chartes et les jugements du temps nous laissent-ils entrevoir cette renaissance des études? Y eut-il en Toscane d'anciennes écoles de droit? Y a-t-il une littérature juridique qu'on puisse leur attribuer? Ce sont là les trois questions que nous nous proposons de traiter.

Bien qu'on commence à rencontrer la mention de la *lex romana* dans des documents toscans d'une époque assez reculée, dans un document de Lucques du IXe siècle (1), il faut arriver au XIe siècle pour découvrir d'une façon plus précise l'influence du droit romain. On ne peut pas espérer trouver immédiatement des traces abondantes d'une large culture juridique, parce que les documents notariés étaient généralement rédigés d'après des formulaires très anciens, qu'il était difficile de changer en peu de temps; la jurisprudence pratique est, en effet, rebelle aux innovations. La tradition notariale était ennemie du droit romain et partant on ne peut trouver des traces abondantes là où il ne peut y en avoir que très peu. D'ordinaire tous les documents de l'époque se ressemblent. Nous trouvons cependant quelquefois dans les documents toscans des éléments nouveaux et inusités qu'il vaut la peine de recueillir. Ce sont ces bribes qui peuvent nous servir dans notre recherche.

Nous croyons nécessaire de présenter tout d'abord deux observations. La discussion des questions de droit controversées a été, dès les plus anciens temps, largement développée en Toscane. Il nous suffit de rappeler la question des limites des évêchés d'Arezzo et de Sienne, qui a occupé plusieurs siècles. Dès 715, Luitprand, les Papes Étienne II, Léon II, et Charlemagne s'en sont occupés, et ce n'est qu'après de nou-

(1) Muratori, *Antiq. Ital.*, XIII, 267.

velles contestations soulevées au XIIe siècle que la question fut résolue en 1209 par Honorius II (1). Notre seconde observation se réfère aux personnes des juges que nous trouvons dans les plaids tenus à Florence et dans ses environs; plus rarement ici que dans les autres villes nous trouvons des juges romagnols. A ces juges d'origine florentine appartiennent peut-être Winildo, Uberto, Ildebrando, Bruno (2), et Odaldo *causidicus de Florentia* (3) : nous y trouvons aussi d'autres juges, mais il sont souvent toscans (4). En 1070, sont juges d'une cause à Florence, outre Senioretto, Pietro de Florence, Pietro de Sienne, Sismondo de Pise, Giovanni d'Arezzo (5). C'est peut-être parce que ces tribunaux urbains fonctionnaient bien que Mathilde n'a que rarement tenu ses *placita* (6).

Certains de ces jugements ont une réelle importance historique : rappelons à ce sujet le document de 1061 édité par Della Rena et Camici, réédité avec plus de soin par Ficker (7), qui se réfère à un litige entre deux églises florentines. Il doit être signalé parce que, comme l'a remarqué Ficker (8), les juges semblent être des florentins, et aussi parce que la forme et le contenu juridique laissent deviner l'influence d'une école où l'on étudiait les lettres et le droit, ainsi que cela ressort du préambule de cette sentence :

Cum in omni controversia utraque pars sum contendit ius cognoscere, illudque concessum a iustitia sibi summopere nitatur vendicare, et cum iustitia sine legibus tali negotio nullatenus per se imponere possit, exigit admodum ratio iustitiam omni modo praesidio legum adiuvari. Hee vero, cum tantae sint moderationis, ut omnes lites per illas finem accipere valeant, praestant sua firmissima munimina in omnibus causis iustitiæ, praecipue

(1) Bethmann-Hollweg, *D. Civilprozess*, etc., V, 2, p. 396.

(2) Rena-Camici, *Serie d. antichi Duchi e Marchesi di Toscana*, II, 2; Gherardo di Borgogna, 71.

(3) Muratori, *Ant. Ital.*, XIII, 611 et 614.

(4) Rena-Camici, *op. cit.*, II, 2; Gherardo di Borgogna, 71. Il est fait mention à cet endroit d'un acte florentin qui cite deux juges de Volterra, Gherardo et Ranieri.

(5) Rena-Camici, *op. cit.*, II, 3, fasc. II, I, p. 47.

(6) Villari, *I primi due secoli della storia di Firenze*, 1, p. 78 et suiv.

(7) Ficker, *Forsch. z. Reichs-u. Rechtsgesch. Italiens*, IV, 93 et suiv.

(8) Ficker, *Forsch.*, III, 90.

tanto studio aequitatis ecclesiastica defendunt iura, ut nulli, nisi soli principi, liceat contractum de re immobili cum ecclesia facere, nec, ut una cum altera eundem contractum faciat, licet, nisi summa perspecta utilitate utriusque ecclesiae; sed ut una inferat damnum alteri omnimodo leges prohibent. Quod cum factum quadam ignorantia contra leges.....

Après avoir exposé l'objet du litige, on ajoute que les *iudices secundum romanae legis tenorem, utramque ceperunt inquirere partem.....*

On n'a que la signature de l'un des juges, de Winuldo ou Winildo qui est vraisemblablement un florentin. Le texte ne semble pas avoir été rédigé d'après un formulaire, et le litige a été mené dans les meilleures formes de procès.

Cet important document, et d'autres que nous pourrions citer, confirme cette idée que le clergé fut un coefficient important de la conservation de la tradition du droit romain et de sa renaissance. Nous voyons, en effet, que dans ce litige l'abbé de San Miniato, au lieu d'avoir recours au droit canon, qui possédait déjà une vaste littérature canonique, laisse juger d'après les règles du droit classique.

Pareillement, on peut relever dans un autre document florentin l'abandon d'une formule des anciennes écoles et l'emploi du langage des sources; le document de Marturi de 1056 (1) substitue au mot ancien *commutatio* l'expression classique *permutatio,* bien que dans les documents du temps, qu'ils aient été rédigés sous l'influence de l'école de Pavie (2), ou qu'ils appartiennent à Arezzo et à Pise (3), la forme romane persiste.

Il faut noter encore l'acte de donation (a. 1092) de l'abbé Rolando de S. Eugenio aux religieuses de Rosano, rédigé *foris muros Florentinæ civitatis*, où nous lisons (4) :

(1) Rena-Camici, *op. cit.*, II, 1, fasc., I, p. 71.

(2) Muratori, *Ant.*, XIII, 299-303, IV, 49. — Ficker, *Forsch*, IV, 34. Savigny, *Sto. d. D^o R^o nel Medioevo*, trad. Bollati, I, 417. Pertile, *Sto. d. D^o italiano,* IV, 536.

(3) Rena-Camici, *op. cit.*, II, 1, Rinieri, 44 (a. 1030, Aretino), II, 2. Goffredo, I, 103 (1061, Volterra). — II, I, Adalberto, 142 (1007, Volterra). — Bonifazio, 49 (1079, Arezzo). — Muratori, *Ant. Ital.*, IX, 471 (1135, Pisa).

(4) Rena-Camici, *op. cit.*, II, 3, fasc. 4, p. 51.

Licet Justinianus Romanus iuris tenebras in luculentum et compendiosum dissecerit opus, divina sequens verba sacras res nullius boni esse instituerit, rem secundum sua tempora stabiliter speculatus.....

De tous les autres documents florentins le plus connu est le célèbre document de Marturi de 1076, parce qu'il fait mention de Pepo, qui fut le prédécesseur d'Irnerius à Bologne, et que pour la première fois nous trouvons dans un document judiciaire une citation du Digeste. Nous n'examinerons pas longuement ce document, qui a été étudié par des auteurs très autorisés, nous ferons simplement quelques remarques sur les juges qui composaient le tribunal.

De nos jours, deux historiens ont étudié de très près ce document de Marturi, Ficker (1), et après lui Bresslau (2) et Fitting (3). Le premier a attribué la rédaction de ce texte à Nordilo, et, considérant les savants juges de Nonantula qui prenaient part au jugement de Mathilde, il a attribué le nouveau courant marqué par ce plaid à l'influence d'une école qui aurait existé à Nonantula, école à laquelle aurait appartenu Nordilo (4). Fitting, en revoyant avec soin le document, a constaté que le second document de Marturi, qui est de la même époque, mais dont la valeur juridique est si différente, a été également rédigé en présence de Nordilo et écrite par le notaire Senioretto; aussi pense-t-il que la rédaction de ce texte appartient à Pepo, qui n'est pas mentionné dans le second document. Nous acceptons l'opinion de Fitting, qui se refuse à attribuer à l'école de Nonantula cette nouvelle tendance dans la pratique judiciaire que nous révèle le document de Marturi, c'est-à-dire la rédaction en dehors de tout formulaire, et l'emploi d'une langue inspirée par les sources classiques. A quelle école faut-il donc attribuer ce progrès? Pour Fitting, c'est à l'école de Bologne, où Pepo professait (5), et d'autant mieux qu'il pense que, dans les

(1) Ficker, *Forsch*, III, 126 et s.

(2) Bresslau, *Handbuch d. Urkundenlehre*, I, 595.

(3) Fitting, *D. Anfänge d. Rechtschule z. Bologna*, 83 et s.

(4) Ficker, *Forsch*, III, 128.

(5) Fitting, *D. Anf. d. RS. z. Bologna*, p. 100.

tribunaux de Mathilde, les juges de Bologne, après ce plaid, vinrent en foule remplacer les juges des Romagnes.

Sur ce point nous devons faire quelques réserves, parce qu'il nous semble que ces deux historiens oublient les nombreux juges toscans qui étaient au service de Mathilde, plus nombreux certes que les juges de Bologne.

Parmi les juges toscans que nous voyons dans les plaids de la comtesse Mathilde ou dans d'autres jugements toscans, citons Winildo, probablement de Florence (1), Sismondo de Pise, les deux frères Uberto et Ildebrando de Florence, Bonetto *advocatus* de Pistoie, Lamberto et Ubaldo de Lucques (2), Odaldo de Florence (3), Pierre de Florence, Pierre de Sienne, Fralmo de Lucques (4), Bellincione *prudentissimus iudex Florentinus* (5), Giovanni d'Arezzo ; nous ne voyons que quelques juges originaires de Bologne et quelques juges de la haute Italie dont Ubaldo de Carpineta (6) (Modène), Sigfredo de Panzano (Ferrare) (7), Senioretto (Ferrare), Bono (8) et Adegerio de Nonantula, ce dernier est qualifié par les documents de *illustris iudex*, et son fils Alberto (9). Il faut noter le nombre important des juges toscans — dans ces tribunaux, où ils se substituent aux juges de Ravenne ; on peut penser que cette substitution s'est faite parce que Mathilde tenait en suspicion les habitants de Ravenne depuis que cette ville était devenue le centre de l'*opposition* contre le Pape ; mais de ce qu'elle a appelé des toscans pour siéger à côté des savants juges de Nonantula, on peut conclure à la profondeur de leur savoir. C'est ainsi qu'un courant toscan pénétra dans les tribunaux de Mathilde, comme plus tard, il pénétra dans l'École de Bologne. Les juges de Bologne se substituent aux toscans au temps

(1) Ficker, *Forsch*, III, 90 et 287.

(2) Fiorentini-Mansi, *Memorie della gran contessa Matilda*, 1756, II, 204.

(3) Fiorentini-Mansi, *Mém.*, II, 202.

(4) Ficker, *Forsch*, III, 122.

(5) Fiorentini-Mansi, *Mem.*, II, 206. Ficker, *Forsch*, III, 146. — *Hist. Farf.* (*Mon. Germaniæ*, XIII, 576). — Rena-Camici, *op. cit.*, II, 4, fasc. 1, p. 56.

(6) Fiorentini-Mansi, *Mém.*, II, 168.

(7) Fiorentini-Mansi, *Mém.*, II, 197.

(8) Fiorentini-Mansi, *Mém.*, II, 71.

(9) Fiorentini-Mansi, *Mém.*, II, 197.

d'Irnerius, à la fin du XIe siècle. La preuve que les juges toscans passaient pour très versés dans la connaissance du droit résulte de ce fait, que dans l'affaire du monastère de Farfa, en 1105, c'est Bellincione de Florence qui dirige les débats et qui rédige la sentence (1).

Nous croyons que le document de Marturi est probablement un produit de la science toscane. D'abord le juge Gugliemo est toscan (2); de plus, il n'est pas impossible que Pepo soit lui-même toscan, sa présence sur le territoire de Florence comme Marturi est un indice très important parce que, comme nous l'avons dit, des juges locaux figurent très souvent dans les tribunaux florentins. Le nom même de Pepo est tout à fait toscan (3), très commun en Toscane, et introuvable ailleurs; il y a eu à Florence une famille très connue des Pepi, à laquelle a appartenu probablement le légiste Francesco Pepi Quirici (4). Ficker (5) s'est demandé si Pepo était d'origine toscane, mais il a rejeté cette opinion parce qu'il croit que le titre de *legis doctor* n'était pas en usage dans ce pays. A cela nous pouvons répondre que nous trouvons un Uberto, problablement de Florence, *legis doctor* en 1075 (6), un Joannes *legis doctor* à Florence en 1076 (7), les *legis doctores* Uberto

(1) Nous ne savons pas, si *Paganus de Florenza* que l'on trouve en 1089 avec Roger *dux Apuliae* était un juge (Muratori, *Ant. Ital.*, 1, 380).

(2) Ficker, *Forsch*, III, 152.

(3) On connaît aussi le nom de Pepo *advocator* du monastère de Monte Amiata; on a quelquefois confondu cet avocat avec Pepo le prédécesseur d'Irnerius (Ricci, *I primordi dello studio di Bologna*, p. 103 et s.). On ne retrouve ce nom de Pepo que dans des documents toscans; on relève un Pepo *testis* dans un document de Monte Amiata de l'année 804 (Brunetti, *Còd. dipl. Tosc.*, III, 350), un autre Pepo dans un document de Chiusi de 1084 (Rena-Camici, *op. cit.*, II, 4, fasc. 1, p. 49), un autre dans un document de Pistoie de 1097 (Zdekauer, *Su l'origine del MS. Pisano delle Pandette*, p. 34), un comte Pepo di Pepo dans un document de Chiusi de 1112 (Rena-Camici, *op. cit.*, II, 4, fasc. 2, p. 87); un Pepo est professeur de droit à Sienne en 1247 Zdekauer, *Le origini dello studio Senese.*, p. 16, 31 et s.); on trouve un Pepo de Sienne et un Pepo de S. Gimignano dans un document de 1265 (Del Vecchio-Casanova, *Le rappresaglie nei Comuni medievali*, 204).

(4) Savigny, *op cit.*, III, 501.

(5) Ficker, *Forsch.*, III, 133.

(6) Rena-Camici, *op. cit.*, II, 3, fasc. 1, p. 69.

(7) Rena-Camici, *op. cit.*, II, 3, fasc. 1, p. 76.

et Hildebrando de Florence en 1097 (1). On fait aussi mention d'un Ugo *legum doctor* dans un acte de Sienne de 1073 (2).

De quelque façon qu'on résolve ce point, il est certain que les citations du Code et du Digeste dans le document de Marturi sont dues à la science toscane; la citation du Code, en effet, est l'exception du Sigizone de Florence, et la mention du Digeste, cela résulte de document, est une allégation de Giovanni, avocat du monastère de Marturi. Ce progrès dans la pratique judiciaire doit donc se référer à une culture indigène. Ce document prouve qu'une nouvelle tendance se faisait jour parmi les juristes de Mathilde, et que cette tendance est plus manifeste encore lorsque Irnerius (3) faisait partie des plaids de la comtesse. Quelle différence entre ce jugement, et celui qu'avaient rendu, également à Florence et peu de temps auparavant, Valcausa et Buonfiglio en 1055, c'est-à-dire des juristes de l'école de Pavie (4)!

Bien que la ville de Pise ait possédé une antique école de droit, comme nous le montrerons bientôt, les documents pisans ne nous fournissent que peu d'éléments pour notre recherche. Rappelons seulement les traces de droit romain que nous pouvons relever dans les documents de 1105 à 1109, édités par Grandi (5), dont le premier est peut-être inspiré par la L. 1, Dig. XII, 2, et les nombreux vestiges de l'usage des sources romaines que fournissent les actes pisans du XIIe siècle, beaucoup plus nombreux que ceux des documents des autres villes (6). Notons encore que le droit classique et même le Digeste a souvent inspiré les statuts de la ville du XIIe siècle. N'oublions pas non plus que le *judex Sesmundus*, qui signe en

(1) Rena-Camici, *op. cit.*, II, 3, fasc. 4, p. 69.

(2) Zdekauer, *Le orig. d. Studio Senese.*, p. 28.

(3) Ficker, *Forsch*, III, 128.

(4) Muratori, *Ant. ital.*, II, 43.

(5) Grandi, *Ep. de Pandectis*, 1727, doc. XIII et XIV.

(6) Cf. un document de 1156 où il est fait usage des Novelles, du Code, et du Digeste (Bonaini, *Diplomi Pisani in Arch. stor. Ital.*, t. IV, part. II, supplém. 1, 1848-89, p. 25), un autre de 1178 (Bonaini, *op. cit.*, p. 67) qui fait usage du Code, des Novelles, du Digeste et même du Code théodosien, et le document de 1193 édité par Grandi (*op. cit.*, doc. XLII).

vers léonins en faisant connaître sa culture juridique par l'expression

legum docmate fultus (1)

est originaire de Pise, et que son nom se retrouve dans de nombreux documents de la moitié du XIe siècle jusqu'aux premières années du siècle suivant (2). On sait que ces signatures en vers dénotent des juges instruits (3), qui font pressentir, comme l'a remarqué Brunner (4), une nouvelle tendance qui va rompre avec le formalisme des anciens documents, et qui, grâce aux glossateurs, finira par donner de nouvelles formules complémentaires des actes.

On peut signaler d'autres traces visibles de l'usage des sources du droit romain dans les documents d'Arezzo, de Sienne, de Chiusi. Dans une donation de Chiusi rédigée par le sous-diacre Bonifrido en 774, on reconnaît l'influence du principe romain de la révocation, de la donation pour cause d'ingratitude (5); dans une donation de 798 faite à Monte Amiata on lit (6) :

> *Oc est enim iuxta lege nostros confirmamus filcidio nomine reserbato parentibus nostris in quantum cum legem minus cumvincere potueris.*

On sait encore que, dans un plaid de Chiusi du duc Gotifredo tenu en 1058, se trouve une citation littérale d'un passage du Code de Justinien (7).

(1) Dans un document de 1078 (Fiorentini-Mansi, *Mem.*, II, 120), Sismondo signe de la façon suivante :

Sismundus scriptis interfuit omnibus istis.

A un autre endroit il se qualifie de — *legum præceptis validus* — (Rena-Camici, *op. cit.*, II, v. 3, fasc. 1, p. 49).

(2) Muratori, *Ant. Ital.*, IX, 381, 386.

(3) Bresslau, *op. cit.*, I, 595.

(4) Brunner, *Z. Gesch. d. Röm. u. Germ. Urk*, 85.

(5) Brunetti, *Cod. diplo. Tosc.*, v. III, 299 et 301.

(6) Brunetti, *op. cit.*, III, 311.

(7) Ughelli, *Italia sacra*, III, 628. — Rena-Camici, *op. cit.*, II, 2. — Goffredo, I, p. 4. — Ficker, *Forsch.*, III, 132. — Zdekauer (*Su l'orig. del MS. Pisano d. Pandette*, 37), montre que les traces du droit romain sont fréquentes à Chiusi et à Sienne dès le VIIIe siècle.

Je transcris ici un passage d'une charte de 1109 de Gregorio, évêque d'Arezzo et des moines de S. Fiora (1).

> *Per hoc scriptum transactionis, finitionis, permissionis, refutationis, pacti, stantie ac convenentie, et aquiliane stipulationis et acceptilationis finio, refuto, transigo omne ius ac directum, et tenimentum et omnem actionem, sive ex contractu, vel ex maleficio vel quasi maleficio, sive in rem sive in personam..... etiam aquiliana stipulatione et acceptilatione confirmo.*

Il faut encore faire mention d'un passage d'une aliénation faite en 1109 par Tedaldo, abbé de S. Fiora, pour les dettes du monastère (2);

> *Et cum de rebus mobilibus etiam hoc pignus liberare non potui, modo, ipsas res pro soluto creditori dedimus quod Lege cavetur in Lege Nonnullorum* (sic) *Justiniani, que sic dicitur : Si venerabilis locus pecuniam non habeat et res mobiles non habuerit, ipsas res creditor pro soluto accipiat, dummodo quantitatem debiti non excedat, igitur.....*

On sait d'ailleurs que les habitants de Sienne déclarèrent en 1176 qu'ils vivaient *lege romana* (3).

Nous terminerons cette analyse en rappelant que plusieurs chartes de Lucques parlent de la *Falcidie* dans le sens de portion légitime (4), et qu'il existe deux chartes de 794, de Castello et de Vico Foro, remarquables par la perfection de leur forme juridique (5). Deux donations de Mathilde de 1098 et 1099 (6) se réfèrent à la loi — *dampna litis omnia sustineri* — ce qui est peut-être une allusion au § 1, *Inst.* IV, 16.

Pour compléter ce qui précède, il faut ajouter une autre remarque qui est encore un argument en faveur de la renais-

(1) Rena-Camici, *op. cit.*, II, 4, fasc. 2, p. 72.
(2) Rena-Camici, *op. cit.*, II, 4, fasc. 2, p. 75.
(3) Ficker, *Forsch.*, IV, 148.
(4) Savigny, *Storia del D. R. nel Medievo*, trad. Bollati, I, 418.
(5) Brunetti, *Cod. diplom.*, v, III, 299 et 301.
(6) Muratori, *Ant. Ital.* VIII, 61, I, 699.

sance des études littéraires et juridiques en Toscane au siècle. Bresslau (1) a déjà remarqué qu'on peut constater dans la seconde moitié du XIe siècle, dans l'Italie centrale, d'une façon précise en Romagne et en Toscane, un progrès dans le langage des documents notariés. Ce même auteur attribue ce fait au progrès des études juridiques et à l'influence des travaux sur l'*ars dictandi,* auxquels on joignait des formulaires. Nous croyons plutôt que ce résultat est dû exclusivement au progrès des études juridiques, parce que l'*ars dictandi* commença à se développer précisément dans la seconde moitié du XIe siècle, et il n'en résulte pas qu'en Toscane cet *ars* ait eu un développement particulier. La première œuvre toscane du genre est peut être le remaniement qu'un notaire de Prato a fait du *Formularium tabellionum* de Palmieri attribué à Irnérius (2). D'ailleurs notre explication est confirmée pas les deux chartes de Marturi de 1076 ; la grande différence de style et de science juridique qu'il y a entre elles démontre qu'elles n'ont pas été rédigées d'après des formulaires plus parfaits, et que la valeur de la première, rédigée peut-être par Pepo, ne résulte pas du développement de l'*ars dictandi,* mais de la renaissance de la science du droit (3). D'ailleurs, le jugement florentin de 1061, dont nous avons parlé se distingue de tous les autres jugements de ce temps ; et sa rédaction si caractéristique exclut l'idée de l'emploi d'un formulaire quelconque. Le changement de formulaires dans les tribunaux de Mathilde est postérieur et il est manifeste spécialement au commencement du XIIe siècle ; mais de ce que ce changement se constate principalement dans les tribunaux de Mathilde dont l'influence fut rayonnante, on peut conclure que la Toscane n'est pas étrangère à ce changement.

De tout ce qui précède nous pouvons conclure, que de même que de l'ensemble des documents italiens du XIe siècle émergent les chartes de Rome, de Ravenne et de Pavie, parce qu'elles sont un reflet de l'influence que les écoles juridiques locales exercent sur la pratique judiciaire, de même au-dessus

(1) Bresslau, *op. cit.,* I, 577.

(2) Palmieri, *Appenti e documenti pèr la storia dei glossetori,* I.

(3) Le second document est au contraire composé par le notaire Senioretto (Ficker, *Forsch. Urk,* doc. 73, 74).

du niveau commun émergent les chartes toscanes de cette époque, toutes pleines des débris des sources romaines. C'est là le premier indice certain de l'existence d'écoles de droit en Toscane ; ces écoles ont amené une transformation dans la pratique judiciaire et nous sommes ainsi naturellement conduits à la seconde partie de nos recherches.

II.

L'amélioration de la forme et du contenu des documents toscans du XIe siècle, que nous avons constatée ci-dessus, doit-elle être attribuée à l'influence d'écoles toscanes du temps ou à l'influence d'autres centres de culture plus éloignés?

Avant d'indiquer les faits sur lesquels se fonde l'opinion de l'existence, à Florence et à Pise, d'anciennes écoles de droit, il faut nous arrêter sur quelques considérations générales.

Si, pour un instant, nous nous reportons à des temps un peu plus rapprochés de nous, si nous examinons le ferment de science juridique qui se développe en Italie, au moment où fleurit encore l'école d'Irnerius, deux faits frappent notre esprit par leur importance historique. Et d'abord, il faut nous rappeler le grand nombre de Toscans qui s'illustrent dans les études de droit; après Pepo, toscan vraisemblablement, nous avons Bulgaro de Pise, Burgundio, Bandino, Cipriano, Graziano, Viviano, Grazia, Laborans, Uguccione, Benencasa de Sienne, Accursio et ses fils, Dino, Cino, Giovanni d'Andrea, et d'autres de moindre valeur : c'est en somme une série ininterrompue de savants juristes toscans qui précèdent et accompagneront Irnerius et son école jusqu'au milieu du XIVe siècle. Il faut remarquer ensuite qu'il n'y a pas d'autre région qui ait laissé le souvenir de tant d'écoles de droit pendant le grand réveil des études juridiques que la Toscane ; il n'y a presqu'aucune ville qui n'ait une école de droit, Florence, Pistoie, Lucques, Pise, Sienne, Arezzo. Ce sont là des faits qui montrent quel milieu favorable trouvait en Toscane la culture juridique de Bologne, là où la science du droit devait avoir d'anciennes traditions.

On sait aussi que la plus grande partie des manuscrits les

plus importants des sources justiniennes appartient, par une antique possession, à des villes toscanes : il suffit de rappeler le manuscrit pisan, et aujourd'hui florentin, des Pandectes, le manuscrit de Pistoie du Code, les manuscrits toscans de l'*Authenticum* et les vieux manuscrits du Code qui se trouvaient anciennement dans la ville de Pise (1). Il ne faut pas oublier non plus que le document de Marturi de 1076 suppose qu'il existait en Toscane un ancien manuscrit du Digeste, de même que, d'ailleurs, les corrections des Pandectes florentines et le complément du manuscrit abrégé de Pistoie du Code font supposer qu'il y avait, là où se trouvaient ces manuscrits, d'autres manuscrits qui ont servi à la collation. Il est vraiment étrange qu'une petite ville comme Pistoie possède autant de sources juridiques antérieures à l'école de Bologne et à Graziano; ses riches archives capitulaires, qui contiennent le manuscrit du Code et d'autres textes des romanistes, possèdent en outre de nombreux manuscrits de collections canoniques antérieures à Graziano, qui dénotent qu'on avait très anciennement cultivé les sciences juridiques (2).

Il faut faire une place importante, pour notre sujet, au célèbre passage de Philippe Villani (*De orig. civit. Flor.*), aujourd'hui illustré par Fitting (3) dans lequel, confondant Irnerius avec Cipriano, on attribue à celui-ci les mérites de celui-là, parce que peut-être on ne pouvait l'écrire que si l'on partait de cette hypothèse, qu'il y avait en Toscane, dès la plus haute antiquité, un centre d'étude du droit romain.

Le grand mouvement littéraire et artistique qui s'est développé en Toscane dans les XIIIe et XIVe siècles nous apporte une preuve nouvelle que dans cette région la culture intellectuelle avait de profondes racines depuis les anciens temps (4).

(1) Blume, *Iter italicum*, II, p. 106. Hermann, *Histor Nachrichten d. Corpus iuris*, 144.

(2) Consulter sur ces manuscrits l'article récent de M. P. Fournier, *Une Collection canonique italienne du commencement du XIIe siècle* (*Annuaire de l'enseignement supérieur de Grenoble*, VI, 3, 1894).

(3) Fitting, *Quaestiones de iuris subtilitatibus des Irnerius*, p. 42.

(4) Il en est de même des artistes toscans du XIVe siècle; il suffit de rappeler ici les rapports entre l'art de Nicolo Pisano et les monuments de la sculpture classique qui se trouvaient à Pise, les rapports entre Dante et Giotto.

Si nous trouvons en Toscane, même avant Bologne, une renaissance des études de droit, cela ne contredira pas tout ce que nous savons du réveil littéraire, scientifique et artistique qui s'est produit en Toscane, pour se répandre ensuite dans les autres régions de l'Italie. C'est un fait connu, qu'au moyen âge Florence est avec Bologne à la tête du mouvement intellectuel.

Voyons maintenant s'il existe des vestiges, et quels vestiges, d'un enseignement du droit à Florence et à Pise.

Quant à Florence le même capitulaire Olonense de 825 (1), par lequel Lothaire ordonnait que les étudiants de la Toscane viendraient à Florence, semble indiquer que la ville était déjà à cette époque un milieu propice à l'étude, et que, probablement, il y avait une école déjà connue (2). Lorsqu'on arrive au XIe siècle il y a un tel nombre d'indices et de faits, qu'on acquiert la conviction ferme de l'existence d'une école juridique. En effet, les documents florentins, dont nous avons parlé, nous montrent que Florence possédait déjà un certain nombre de juristes qui siégeaient dans les tribunaux de Mathilde à côté des savants juges de Nonantula et de Bologne, et qu'ils portaient le titre de *legis doctores* comme les jurisconsultes de Ravenne. Nous avons déjà fait mention des noms de Giovanni, d'Uberto, d'Ildebrando qui sont dans les documents du XIe siècle qualifiés de *legis doctores;* beaucoup d'autres noms nous seraient fournis par de nouvelles recherches dans les immenses archives florentines. Les chartes de cette ville nous apprennent que le droit romain était déjà connu à Florence; c'est une charte rédigée sur le territoire de Florence qui cite pour la première fois le Digeste, et cette citation est faite comme empruntée à une source bien connue de tous dans le pays. Ce fait seul suffirait à prouver l'existence d'une école, parce que cette citation démontre une nouvelle orientation de la science et de la pratique, et une nouvelle méthode dans l'étude de la *lex romana.* Elle ne procède pas d'une tradition notariale,

(1) *Capitularia*, v, I, P. II, p. 327, in *Mon. Germ.*, LL. Section II.

(2) Dans le statut de Bologne comme dans le statut de l'école florentine on fait mention accidentellement de Charlemagne. Cf. L. Chiappelli, *Lo Studio bolognese nelle sue origini*, p. 16. Cf. Gherardi-Morelli, *Statuti dell' Universita e Studio fiorentino*, p. 92.

mais de la doctrine, qui donne même un coloris nouveau à la rédaction du texte.

A ces indices importants vient se joindre un témoignage synchronique d'une grande valeur, celui de S. Pier Damiano. Parlant *du mode* de computation des degrés de parenté, il fait allusion aux légistes florentins du temps, lorsqu'il écrit à propos des discussions qui eurent lieu à Ravenne (1) :

> *Atque iam res eo usque processerat, ut sapientes civitatis* (Ravennae) *in unum convenientes*, *sciscitantibus Florentinorum veredariis*, *in commune rescripserunt.....*

Qu'il parle ici des romanistes, c'est ce dont ne doute pas même Schupfer (2) ; en effet, S. Pier. Damiano ajoute :

> *etiam in testimonium deducebant, quod Justinianus suis interserit Institutis.....*

C'est à tort, selon nous, que Schupfer ne voit là que des légistes de Ravenne, qui auraient été interrogés par des florentins sur ce point; Savigny (3) pense, au contraire, qu'il s'agit d'un jugement d'hommes connaissant le droit à Florence, et probablement d'un tribunal d'échevins (4).

Il nous semble que le passage de S. Pier. Damiano signifie que la question fut discutée dans l'école de Ravenne comme dans une école florentine, qui eut recours au jugement de l'é-

(1) *De parentelae gradibus*, proem. Opusc. 8°.

(2) Schupfer, *Manuale di storia del diritto italiano*, 2e édit., p. 160.

(3) Savigny, *op. cit.*, trad. Bollati, II, 15.

(4) Que la question était discutée dans les écoles, on peut d'abord tirer argument de la grande décrétale du Pape Alexandre II (Decret. Gratiani, II, C. XXXV, Q, V), et aussi de la petite décrétale du même Pape, éditée par Hüffer (Beitr. z. Gesch. d. Quell. d. Kirchenrechts, etc., 119 et suiv.), que les historiens d'aujourd'hui semblent ignorer. En effet, on y parle d'une question fameuse *inter alios*, et de légistes qui

> *sedentes in cathedra pestilencie dictant iura, que nesciunt, et docent ea, que nullatenus didicerunt.*

On voit que le Pape parlait probablement de l'œuvre de différentes écoles. La question avait gagné tant de terrain, que le Pontife adressa ses deux décrétales spécialement aux clercs napolitains.

cole de Ravenne, une des plus fameuses du temps. En effet, les *viridarii Florentinorum* (*verzieri*) représentent l'élite des savants de la ville. Ce fait nous permet de constater qu'il y avait à ce moment des relations étroites entre Ravenne et Florence (1). C'était, d'ailleurs, un Florentin qui portait tout le poids de cette discussion à Ravenne, il discutait sur les textes de droit civil et spécialement sur les Institutes de Justinien. En effet, S. Pier. Damiano ajoute,

> *quidam promtulus, cerebrosus, ac dicax, scilicet acer ingenio, mordax eloquio, vehemens argumento, Florentinus puto, verbis me B. Gregorii insolenter urgebat...*

De plus, dans un groupe de manuscrits des *Exceptiones Petri*, c'est-à-dire dans trois manuscrits qui forment presque la moitié de ceux que nous possédons de cette œuvre, on trouve une variante importante au sujet de Florence. En effet, dans le prologue, selon la leçon de ces manuscrits, à la *Valentina* est substituée la *Florentina civitas*, et l'auteur du Traité s'adresse à Odilone *vir splendidissimus Florentinæ civitatis magister magnificas*. Certes, dans l'état actuel des travaux sur ce texte, cela ne peut pas servir pour établir un rapport entre ce document et une école florentine, bien qu'un manuscrit des *Exceptiones* soit précisément conservé dans une bibliothèque de cette ville (2). Mais le fait même qu'on ait pu penser à Florence dans une œuvre aussi importante par son ancienneté que les *Exceptiones*, suffit au moins pour attester que cette ville n'était pas étrangère au mouvement des études juridiques.

On sait aussi qu'il y a eu à Florence une très ancienne école des notaires. Nous ne savons pas à quelle époque on peut la faire remonter, mais nous pouvons bien supposer qu'elle a des origines très reculées, puisque les améliorations dans la rédaction des actes notariés toscans remontent d'après Bresslau (3),

(1) La légende semble dire que le Florentin Cipriano enseignait à Ravenne avant Irnerius...

(2) Il faut noter qu'au nom d'*Ulpianus* le manuscrit désigné par Savigny, par le n° 2, substitue le nom de *Ciprianus*; c'est-à-dire celui d'un légiste florentin (*Except. Pet.*, III, 19, édit. Savigny).

(3) Bresslau, *op. cit.*, I, 577.

au milieu du XIe siècle. Goro Dati écrivait dans son histoire de Florence (1),

la fonte de' dottori delle leggi è Bologna, e la fonte de' dottori delle notaria è Firenze.

Il faut, dans cette phrase, faire une large part à l'orgueil du Florentin, parce que Florence n'a eu ni Rolandino, ni Salatiele, ni Pietro da Unzola comme Bologne ; mais l'utilité et la valeur de l'école se manifestent dans la rédaction des actes notariés, que Bresslau a jugée favorablement, et plus tard dans la formation de notaires qui furent des politiques, des orateurs, des hommes d'État de grande valeur, et d'habiles diplomates. Cette école devint au XVe siècle un centre des études littéraires (2), et continua à assurer à Florence le premier rang dans le mouvement intellectuel.

Nous avons plus de preuves encore pour nous convaincre qu'au moins au XIe siècle Pise possédait une école de droit, déjà célèbre. Il est hors de contestation que les traces de la culture sont très anciennes à Pise et remontent au moins à l'époque caroligienne. En effet, Pietro de Pise, qui enseignait la grammaire à Charlemagne (3), était un des maîtres les plus illustres de l'école palatine ; en 827, Lothaire publie une constitution célèbre *per Laudamentum apientum* (4), et parmi eux nous relevons les *sapientes* de Pise. Il est inutile de prouver que les *sapientes* dont il est parlé dans cet acte sont vraiment des légistes (5). Il faut aussi, au sujet de Pise, mentionner une concession que le Pape Benoît IV (a. 903) fait aux chanoines de l'église primatiale qui étaient chargés *ad Theologicam doctrinam et pontificias sanctiones edocendas* (6) ; l'école capi-

(1) Dati, *Istoria di Firenze*, 133.

(2) Pour le XIIIe siècle, il suffit de citer le notaire Brunetto Latini, et Buoncompagno qui rédigea dans le *Cedrus* les règles pour la rédaction des statuts et des sentences.

(3) Wattembach, *D. deut. Geschichtsquelt. im. Mittelatt*, t. I, p. 144.

(4) *Lib. feud.*, t. I, p. 19.

(5) Mentionnons ici le litige entre le monastère de S. Benedetto de Polirone et l'église de S. Zeno de Vérone terminée en 1125, *habito sapientum consilio ;* les *sapientes* furent Irnerius et Raimond de Zena.

(6) Buonamici, *I giureconsulti di Pisa al tempo della scuola bolognese* (Studi giur. e stor. pub. per il cent. dell'Univ. di Bologna, 14).

tulaire de Pise ne négligeait pas l'étude du droit. D'ailleurs le goût de l'étude était une tradition dans l'épiscopat pisan; mentionnons seulement pour le XIe siècle l'archevêque Gerardo versé dans la connaissance du grec, et auteur de deux ouvrages, dont l'un gréco-latin sur l'église orientale (1), et Daimberto dont les chroniqueurs disent qu'il fut *doctus et literis apprime eruditus* (2).

En faveur de notre thèse, de l'existence d'une école de droit à Pise au XIe siècle, nous pouvons citer la célèbre lettre du moine de Marseille (3) qui, en 1065, étudiant à Pavie exprime à son abbé le désir d'aller à Pise pour y étudier la science du droit. Ce fait est très important, surtout parce que l'école de Pavie était déjà fameuse par l'enseignement du droit, et nous savons, par les gloses de Walcausa, de quel secours elle a été au mouvement romaniste; et aussi parce que nous savons, par les études de Fitting, que l'école de Pavie était très fréquentée par les Provençaux (4). Comme il s'agit d'un moine, il est permis de penser qu'il voulait apprendre la science du droit romain. Nous pouvons conclure qu'au milieu du XIe siècle, l'école de Pise était assez connue, et cette conclusion est appuyée encore par ce fait, que nous trouvons à Pise un assez grand nombre de juristes, et parmi eux Sesmundus qui signe, *legum docmate fultus*.

Fitting (5), en s'appuyant sur cette lettre, croit qu'on ne peut

(1) Mattei, *Ecclesiæ Pisanæ historia*. Lucae, V. 1768. V, I, p. 172.

(2) Il fut le chef d'une croisade, et en suite patriarche de Jérusalem. Plus tard il semble que nous trouvons chanoine à Pise le canoniste Rolando Bandinelli, et évêque le glossateur Lotario. A propos de ce glossateur nous pouvons faire remarquer, que Savigny semble n'avoir pas connu l'œuvre de Mattei qui contient quelques documents concernant Lotario. Dans un document de 1196 rapporté dans cet ouvrage (Mattei, *op. cit.*, v, I. Monumenta, p. 65) il est fait mention d'un certain *Magister Lotterius de Cremona* chanoine pisan, qui n'est autre probablement que le célèbre glossateur. (Mattei, *op. cit.*, I. Monumenta, p. 74, 79) rapporte deux autres documents qui le concernent; l'un deux est assez important, parce que c'est une sentence rendue par Lotario, déjà alors archevêque, et par l'archiprêtre de la cathédrale dans une affaire qui leur a été envoyée par Innocent III; c'est un des rares écrits que nous possédons de ce légiste si peu connu.

(3) Martène et Durand, *Veter. script. et mon. amplis. coll.* I, c. 470 et s.

(4) Fitting, *Neue Beitr. z. Gesch. d. Rechtswiss. in früh. Mittelalt.*, p. 65 et suiv. (Zeitschr. d. Sav. Stift, VII. Rom. Abth.).

(5) Fitting, *D. anf. d. Rechtsschul. z. Bologna*, p. 42.

pas douter de l'existence d'un enseignement du droit à Pise, mais il ajoute qu'il ne s'agissait probablement pas d'une école de droit, mais d'un de ces enseignements élémentaires qui étaient associés aux arts libéraux dans les écoles du temps; s'il en avait été ainsi, on ne comprendrait pas pourquoi ce moine aurait préféré Pise à Pavie; d'ailleurs nous verrons qu'il reste des vestiges d'un assez grand nombre d'ouvrages de droit dus à des légistes pisans.

Il serait important de rechercher, à propos de cette question, si les Pisans possédaient, même avant le XIIe siècle, le fameux manuscrit des Pandectes. Bien que ce ne soit pas l'opinion dominante aujourd'hui, remarquons que cela ne paraît pas impossible à Mommsen (1), et que nous avons deux témoignages de grande valeur : celui d'Odofredo, le fidèle chroniqueur des traditions de l'école de Bologne, et celui de Bartolo qui avait dû apprendre, par son long séjour à Pise, tout ce qui concernait cette ville. Voici ces passages :

> Odofredo (2). *In Dig.*, VI, 1, 23, § 3. *Unde si videatis Pandectam que est pisis, que pandecta quando constitutiones nostre fuerunt facte fuit deportata de Constantinopoli pisis, est de mala libera.*
>
> Bartolo. *Comm. in Infort.* initio, nº 1. *Hoc Volumen nunquam fuit amissum, semper enim fuit totum volumen Pandectarum Pisis, et adhuc est.*

Les observations de Zdekauer viennent confirmer tout cela (3); la deuxième suscription (siécl. IX ou X) du manuscrit florentin, et la devise — *pulchra quasi stella* — (siécl. XI), qu'on lit au dos du dernier feuillet, dénotent une écriture longobardo-toscane. N'est-ce pas peut-être parce que Pise possédait ce précieux manuscrit que le moine de Marseille préférait Pise à toutes les autres écoles de ce temps? (4). Lorsqu'on aura démon-

(1) Mommsen, *Digesta*, Præf. LXII.

(2) Tamassia, *Odofredo*, p. 87.

(3) Zdekauer, *Sua l'origine del M. S. Pis. d. Pandette Giuist.*, p. 22.

(4) Nous proposerons l'hypothèse suivante : le manuscrit pisan est parvenu à Pise par l'école de Rome, qui fut, d'après nous, le centre des études juridiques antérieures à Irnerius. Nous pouvons citer le témoignage de Diplovataccio (Diplovaattii, *De præstantia doctorum ed. Pescatore*, p. XII) et aussi ce fait qu'Irnerius, dans les *Quæstiones* XVIII, 3, D. III, 5, se sert de la leçon

tré par de nouveaux et solides arguments que Pise possédait le manuscrit des Pandectes depuis une haute antiquité, on apportera une preuve nouvelle en faveur de l'existence d'une école, et d'une école qui en a si bien compris l'importance, qu'elle n'a pas osé y faire de gloses, se souvenant de la défense faite par Justinien, bien qu'elle ait corrigé le texte avec d'autres manuscrits. C'est à Pise, peu de temps après, que Bernardo de Crémone conçoit le premier l'idée de faire une édition critique de cette source.

Nous ne voulons pas prolonger la démonstration de l'existence d'une école de droit à Pise (1). Nous devons cependant noter encore que les traces de cette école deviennent très abondantes au XIIe siècle. Les traditions rattachent le nom d'Irnerius à l'école de Pise, où, d'après la légende, il aurait professé; elle cache sous son voile poétique ce fait historique qu'il existait une école à Pise et qu'elle était en rapport avec l'école de Bologne. L'importance politique de cette grande, riche et artistique ville (2), qui possédait des colonies assez étendues pour éveiller la jalousie d'une grande nation, fournissait un milieu intellectuel capable de favoriser le développement et la vitalité d'une école de droit. L'importance de Pise ne s'explique pas si on ne reconnaît pas aux Pisans une haute valeur intellectuelle, et l'importance de leur commerce ne peut pas se comprendre si on ne suppose pas que ce peuple possédait une profonde connaissance du droit. Leurs statuts, qui sont au nombre des plus anciens et des plus importants de l'Italie, en sont un témoignage. Il nous suffit de mentionner

du manuscrit de Pise (Fitting, *Quæst.*, p. 16). De même dans la *Summa Codicis* (Fitting, *D. Sum. Cod. de Irnerius*, LXXVII), il emploie une leçon qui se rapproche beaucoup de la leçon *florentine* qu'il a pu connaître à Rome. Le fait qu'Irnerius ne se sert que peu de variantes qui se rattachent aux leçons de ce manuscrit, prouverait que, à la fin XIe siècle il n'était plus à Rome. Mais il est indispensable que de nouvelles recherches soient faites, afin de connaître l'histoire de ce remarquable manuscrit, si enveloppé de mystères; l'étude des corrections de ce manuscrit, — c'est un vœu qu'a déja fait Zdekauer — permettra peut-être de résoudre ces questions difficiles.

(1) Nous développerons ce point dans un ouvrage que nous publierons sur l'histoire du Digeste au moyen âge.

(2) S. Bernardo, qui assista au concile de 1134 (Epistolae, Ep. 140 et Ep. ad Pisanos) parle en termes emphatiques de la grandeur de Pise.

que dans un document pisan de 1161 (1), nous voyons figurer deux cent cinquante *sapientes* pisans (2).

Pour compléter ces recherches sur les anciennes écoles toscanes rappelons que dès le VIIIe siècle, il existe à Lucques des vestiges d'une ancienne école capitulaire (3); Ficker (4) remarque que les documents de Lucques, antérieurs même à la fin du XIe siècle, étaient fort bien rédigés d'après des formulaires qui les distinguent de tous ceux des autres pays longobards, bien qu'ils n'aient exercé aucune influence sur les juges de Mathilde. Ce fait nous permet d'affirmer l'existence de traditions juridiques locales, formées et maintenues évidemment par une école. Nous trouvons encore de très anciennes traces d'une école capitulaire à Pistoie. De même, il y a eu à Sienne, avant l'école de droit et l'Université, une école capitulaire; un document de 1056 est signé par un certain Rolando, clerc et prieur de l'école (5). D'après Zdekauer les parchemins de Sienne des Xe et XIe siècles, permettent d'affirmer qu'il y avait à cette époque des écoles de notaire à Sienne où s'étaient maintenue une tradition continue de droit romain (6).

III.

S'il y a eu au XIe siècle, en Toscane, des écoles de droit, n'existe-t-il pas une littérature juridique qui porte des traces

(1) Dal Borgo, *Dissertazione sull' origine dell' Università Pisana*, 108.

(2) En 1114 on trouve à Pise un certain Guido Levita *trivii ratione peritus* (Muratori, *Rer. Ital. script.*, VI, 119).

La renaissance de la sculpture grâce aux maîtres pisans, qui prenaient comme modèle les classiques, démontre que les anciennes traditions de culture avaient de profondes racines dans la ville.

(3) Ozanam, *Doc. inéd.*, 33 et suiv. Fitting, *Z. Gesch. d. Rechtswissenschaft im Mittelalt*, 29. Ozanam (Delle scuole e della istruzione pubblica in Italia nei tempi barbari. Milano (1858, 284 et 304) a déjà relevé dans les documents de Lucques un *magister Teudualdus* (a. 737), un *Gaudientius magister* (746), un *Deusdede magister schole* (748), un *magister Benedictus* (798), un *Gauspertus magister* (823), un *Petrus scriba* (823).

(4) Ficker, *Forsch.*, III, p. 149.

(5) Ozanam-Delle scuole in Italia, 310. Zdekauer, *Sulle origini dello studio Senese*, 10.

(6) Sur l'école épiscopale de Fiesole instituée par l'Irlandais S. Donato v. Ozanam-Delle scuole, 318 et s.

visibles de cette renaissance de droit romain? N'existe-t-il aucun monument qui prouve cette culture juridique?

Nous ne pouvons répondre à ces questions que par des hypothèses; nous espérons que des recherches ultérieures les confirmeront.

Nous parlerons d'abord d'une hypothèse de Brunner (1). D'après lui la version des Novelles connue sous le nom, d'*Authenticum* est d'origine toscane; Brunner remarque, en effet qu'il n'est pas fait usage dans ce texte de l'expression *complere*, et qu'on lui substitue la forme *supplere*, que l'on trouve largement employée dans les chartes toscanes, et notamment dans les chartes pisanes (2). Nous croyons cependant qu'il est plus conforme à la réalité historique de penser, que la traduction des Novelles grecques a commencé très anciennement, parce que dans saint Grégoire le Grand et dans d'autres anciens textes on trouve des traces de la version de quelques novelles d'après l'*Authenticum* (3), et aussi d'autres versions; ce fond ancien peut avoir été élaboré et complété successivement en Toscane. Cette version toscane doit être ancienne, parce que Uguccione de Pise, dans le passage du manuscrit de Paris 3892 rapporté par Savigny (4), ne fait pas allusion à une origine récente de la traduction, et considère le livre de l'*Authenticum* comme devenu authentique. On peut ajouter d'autres considérations, et notamment que l'un des plus anciens écrivains qui reproduit, à côté d'autres versions, quelques passages de la version de l'*Authenticum* est S. Anselme évêque de Lucques (5). Il faut aussi considérer que le glossateur qui s'est le plus occupé de cette source est un toscan, Cipriano (6).

Cette hypothèse de Brunner est confirmée par ce fait qu'il nous est parvenu par Pise d'autres versions de textes grecs, juridiques ou non juridiques; ainsi, par exemple, les célèbres

(1) Brunner, *Z. Rechtsgesch. d. röm. u. germ. Urk.*, 73.

(2) Brunner, *op. cit.*, 80.

(3) C'est ainsi qu'on en trouve des traces même dans la *Summa Codicis* d'Irnerius.

(4) Savigny, *op. cit.*, trad. cit., I, 707.

(5) Biener, *Gesch. d. Novellen Justinian's*, 259.

(6) Chiappelli, *Glosse d'Irnerio e della sua scuola* (Mem. d. Accad. d. Lincei, 1886, série 4e, vol. II).

traductions de Burgundio (1), et une constitution grecque comprise dans la glose de Pistoie du Code, qui a probablement son origine à Pise. Pise aurait été un des centres d'où se seraient répandues les traditions de la civilisation orientale; la situation politique et économique de Pise, qui la mettait dans des rapports constants avec l'Orient, justifie encore cette hypothèse.

Nous pensons que l'un des textes les plus importants de la période antérieure à Irnerius, la glose de Pistoie du Code, appartient à l'école pisane (2). Le manuscrit de ce texte appartient depuis une époque très ancienne aux archives capitulaires de la cathédrale de Pistoie. Etant donné les rapports très étroits qui existaient entre Pise et Pistoie, qui resta sous la dépendance intellectuelle, économique et politique de Pise jusqu'au moins la fin du XIIIe siècle — où les Florentins acquirent la prééminence, nous pensons que l'on peut considérer ce texte comme étant une œuvre pisane (3). Les relations étaient si étroites entre ces deux villes, si peu distantes l'une de l'autre d'ailleurs, que les habitants de Pistoie adoptèrent non pas la monnaie florentine, mais la monnaie pisane; ils adoptèrent également son style pour la computation des années; l'art pisan avait gagné Pistoie. Le texte latin, dont nous avons parlé, de la constitution grecque (4, Cod. VI, 4), les traces du Digeste, les nombreuses corrections et adjonctions au texte résumé du Code que contient cette glose constituent autant d'éléments de fait à l'appui de l'origine que nous lui attribuons. Il est impossible d'attribuer ce texte à une au-

(1) Fitting, *Bernardus Cremonensis*, etc. (Sitzungsber d. K. Ak. de Wiss. in Berlin, 1894, XXXV, 813-820).

(2) Zdekauer (*Studi sul documento privato italiano nei secoli* x^o, xi^o, xii^o, in Studi senesi. a. 1890, V, VII, fasc. II et III, p. 211) a le premier attribué cette glose à l'école pisane.

Tardif (*Hist. des sources du droit français, orig. romain.*, 266) signale les rapports de cette glose avec la glose vaticane *Brachylogus*, qui appartient à l'école française. Mais la glose de Pistoie est de beaucoup plus ancienne; les remarques de M. Tardif démontreraient seulement que ce texte a été répandu aussi en France.

(3) Peut-être cette glose se rapportait-elle au vieux MS du Code qui existait à Pise très anciennement et dont il n'existe plus aucune trace (Blume, *Iter italicum*, II, 106).

tre école, parce que la glose de Pistoie n'a aucun rapport ni avec la glose de Monteprandone (1), ni avec les gloses du Code du manuscrit de Pesaro (2), qui appartiennent probablement à l'école de Ravenne ou de Rome; il a bien son origine dans un centre de culture juridique très différent et qui était peut-être en relation avec la science orientale (3). Si des recherches ultérieures confirment cette hypothèse, ce sera une nouvelle preuve que l'école pisane florissait déjà au IXe siècle, époque à laquelle il faut au moins faire remonter la partie la plus ancienne de la glose (4); que cette école l'a enrichie en l'élaborant (5) dans les siècles suivants, et que ce texte a exercé une grande influence sur le développement ultérieur de la science du droit. Cette glose est reproduite, en effet, dans le MS de la bibliothèque de Darmstadt, n° 2000 (sec. XI) et dans le MS de Paris (Bibl. nat. lat. 4516), sec. XII (6), et a laissé des traces jusque dans la glose d'Accurse.

(1) Crivellucci, *I Codici della libreria raccolta da S. Giacomo della Marca nel convento di S. Maria delle Grazie*, p. 36 et s.

(2) Patetta, *Di un nuovo manoscritto del Codice Epitomato* (Bull. d. Istit. di D° R°, 1895 a. VII, fasc. IV-VI, p. 223).

(3) Tamassia (Le Ῥοπαὶ in Occidente-per le nozze Crivellucci. Brunst, Pisa. 1895, p. 12) a remarqué que l'expression — *corrumpitur à novella* — de la glose 856 (Chiappelli, *La glossa Pistoiese al Codice Giustinianeo*, 1885, p. 62) vient d'une formule byzantine, du verbe φθείρω, cela n'aurait rien d'étrange dans une école pisane.

(4) Fitting, *Ub. neue Beitr. z. Gesch. d. RW. im. früh. Mittelalt* (Zeischr, d. Sav.-Stift. VII, 3, Rom. Abth., p. 11), — *Contrà*, Conrat (*Gesch. d. Quell. u. Lit. d. röm. Rechts im früh.* Mittel., I, 2, p. 1) voit dans la partie ancienne de la glose un produit de l'époque de Justinien.

(5) Cette origine pisane n'est pas contredite par l'observation faite par Conrat (*Gesch.*, I, 1, 181). D'après cet auteur, certaines gloses récentes, que l'on trouve dans le manuscrit de Darmstadt, viendraient du sud de la France. Je ferai remarquer d'abord que le manuscrit de Darmstadt n'est pas simplement une copie du manuscrit de Pistoie. Je ferai aussi toutes mes réserves sur l'origine provençale de certains mots contenus dans les gloses dont parle Conrat à la note 4. En effet, les mots *usare* et *incorare* des gloses 4. 19. 10 — 4, 6, 7, appartiennent à la langue italienne. Il ne resterait plus que le mot *deshonderati* de la glose 4. 32. 12 sur lequel devront se prononcer les philologues. On sait qu'il existe des relations commerciales très étroites entre Pise et la Provence, de sorte qu'un texte pisan pouvait facilement pénétrer dans les écoles de la Provence.

(6) Flach, *Études critiques sur l'hist. du droit romain au moyen âge*, p. 73 et s., p. 145 et s.

Même si on ne veut pas adopter l'opinion de Muratori (1), qui fait remonter à l'année 752 le texte d'Arezzo, dans lequel on parle de la controverse entre les évêchés de Sienne et d'Arezzo, et si on accepte celle de Savigny (2) qui, avec Vagnoni, le date du commencement du XIIe siècle, il est évident que ce document montre l'état des connaissances des sources du droit romain au XIe siècle en Toscane; on sait que ce document cite le Code et le Digeste comme des sources généralement connues et employées dans la pratique judiciaire. Comme les citations des sources ont, dans ce document, la forme antérieure à l'école de Bologne, il faut admettre que les écoles toscanes du XIIe siècle étaient restées fidèles aux anciennes méthodes de la science, et qu'elles avaient, par conséquent, des traditions propres, indépendantes des traditions de Bologne. Aussi ce document sert-il à illustrer l'état des études juridiques en Toscane au XIe siècle, et il a une grande importance, parce qu'il est un des plus vieux documents judiciaires dans lesquels on cite le Digeste, comme source généralement connue. Les premières citations de cette source dans les tribunaux sont exclusivement toscanes, et ce fait suffit, pour nous, à prouver qu'il existait de très anciennes écoles toscanes de droit romain et à justifier notre affirmation qu'il faut faire à la Toscane une part plus importante qu'on ne l'a fait jusqu'ici, dans la renaissance des études de droit romain.

Dans l'état actuel des recherches historiques sur cette question nous ne pouvons citer aucun autre document juridique toscan du XIe siècle (3); nous croyons utile toutefois de

(1) Muratori, *Ant. ital.*, IX, 26.

(2) Savigny, *op. cit.*, 1, 413 et suiv.

(3) De ce que le chapitre 256, *De testamento qualiter fiat* de la collection de Prague des 294 chapitres décrits par Schulte (*Ub. drei in Prager-Handschr. enthaltene Canonen-Sammlungen*, p. 203. Sitzungber, d. k. Ak. d. Wiss. in Wien, LVII) il est fait mention d'un *castrum Ripaltum*, on pourrait peut-être se demander si ce chapitre n'a pas été écrit en Toscane. Nous tenons à dissiper ce doute. Il ne s'agit pas, par suite de la différence d'origine, du Rivalto pisan; les documents de Pistoie des Xe et XIe siècles parlent, au contraire, d'un *castellum Ripaltum* situé *prope muros civitatis Pistorie*, au lieu désigné encore aujourd'hui sous le nom de Ripalta (Rena-Camici, *op. cit*, t. II, p. 1, introd. p. 40, *ibid.*, p. 70). Il n'y a pas d'autre argument pour attribuer ce texte à la Toscane. Schulte a pensé à Ripault, petite localité du département d'Indre-et-Loire près de Tours, parce que la collection de Prague est d'origine fran-

citer rapidement quelques œuvres toscanes postérieures, parce qu'elles peuvent jeter quelque lumière sur le passé.

C'est ainsi qu'on peut citer la glose du statut pisan, que nous connaissons en partie aujourd'hui grâce aux travaux de Simoneschi (1). Ce document qui appartient en grande partie au commencement du XIVe ou à la fin du XIIIe siècle, bien qu'il soit rédigé dans la forme, et qu'il possède tous les caractères des œuvres inspirées par l'école de Bologne, porte encore les traces des traditions locales d'une école pisane, et c'est par là précisément qu'il présente un intérêt spécial. On y parle des controverses de l'école, auxquelles il semble que beaucoup de légistes aient pris part ; il y a peu de citations de la littérature de Bologne ; nous pensons que plusieurs juristes ont pris part à la rédaction de cette glose, bien qu'on l'attribue généralement à Maso de Tripalle, qui en a certainement rédigé la plus grande partie. Peut être cette glose contient-elle un fond d'une date plus ancienne que celle de ce légiste ; on peut y relever deux sigles M (Masus de Tripalle) et Pia ; ces deux sigles doivent être remarqués parce qu'ils rappellent des sigles de Bologne bien connus, et qu'ils indiquent que les Pisans avaient des traditions propres et indépendantes des autres écoles.

De nouvelles recherches joindront peut-être à ces œuvres de la littérature juridique toscane le *Liber iuris florentinus* édité par Conrat (2). La physionomie ancienne de ce traité,

çaise. Mais cette origine n'empêcherait pas que certaines parties du document par exemple le chapitre 256, aient une origine italienne ; nous proposerons l'hypothèse que le *castrum Ripaltum* donne une origine lombarde à ce chapitre. Rappelons que Mathilde possédait un château du nom de Ripalto dans la province de Parme (Florentini-Mansi, *Mém. della gran contessa Matilde*, t. I, pp. 246-259, t. II, p. 269), et cette localité étant très connue pouvait servir d'exemple dans le chapitre dont nous parlons. De plus, cette formule peut être rapprochée d'une autre formule, la 16e du Cartularium (*in Padelletti Fontes iur. ital.*, t. I, p. 480) ; dans le texte de Prague, Cicéron est le protagoniste et il est entouré d'autres noms classiques, Socrate, Platon, Gaius, dans la formule 16, le sujet principal est une fille de Cicéron qui est aussi entourée de noms de l'antiquité, Fabius, Tersite, Senèque. Il y a donc entre les deux textes un air de famille.

(1) Simoneschi, *Studi Pisani*, t. II, p. 2 et suiv.

(2) Si notre hypothèse se confirme nous pensons aussi attribuer à l'école florentine l'*Epitome Codicis florentina* étudié par Conrat (Zeitschr. d. Sav. Stift, IV, 1, p. 130 et s.).

qui dans son mode d'exposition rappelle le *Brachylogus* (1), comme aussi la forme des citations qui se rapproche de celle de la littérature antérieure à Irnerius, ne permettent pas d'attribuer ce document à un des centres de la science juridique de l'époque de Bologne. Bologne est exclue par le tit. 12, lib. IV. Ajoutons que l'unique manuscrit de ce traité se trouve dans une bibliothèque florentine; notons aussi que son esprit est favorable à l'Église, ce qui correspond aux traditions de cette ville (2).

Arrivé au terme de nos recherches, et pour mieux justifier nos conclusions, nous ajouterons que l'existence d'écoles juridiques en Toscane est historiquement explicable, si l'on songe à la position que cette région avait prise dans la vie politique de ce temps, sous la grande comtesse Mathilde. Dans la lutte entre la Papauté et l'Empire la Toscane joua un rôle plus important que celui de toutes les autres provinces de l'Italie, et ce seul fait devait donner impulsion aux études de droit. Florence par sa position intermédiaire et Rome et la Lombardie, accueillait souvent ces deux puissances centrales du moyen âge (3), elle vivait ainsi au milieu des plus vives questions juridiques, politiques, et morales de ce temps. Si on ajoute à cela le progrès commercial de Pise et de Florence on comprend qu'il y avait là un milieu tout préparé aux études de droit, aussi la nouvelle législation relative aux statuts reçut-elle en Toscane une ancienne et importante impulsion (4). Ce courant

(1) Chiappelli, *Note su alcuni rapporti fra il Lib. iur. florent. e il Brachyl.* (Arch. giurid. 1883, v. XXX).

(2) Tardif (*Hist. des sources*, etc. *Orig. rom.* 260) pour démontrer que cet ouvrage appartient à la France cite le passage — *si in Angliam navigavero* — et aussi que, s'agissant d'un cas d'ignorance de fait l'auteur déclare qu'il n'est pas nécessaire de savoir — *quis est ex Rex Hiberniæ*.

La première phrase put fort bien être d'un Florentin, parce que les Florentins tenaient dans leurs mains une grande partie du commerce européen et qu'ils étaient d'après Boniface VIII, le cinquième élément du monde. Quant au second passage il nous paraît plus naturel dans la bouche d'un Florentin que dans celle d'un Français.

Il faut encore citer parmi les œuvres toscanes, le remaniement fait au XIIIe siècle, par un notaire de Prato du *Formularium tabellionum* de Palmieri (Appunti e documenti per la storia dei glossatori, I), récemment attribué à Irnerius.

(3) Perrens, *Hist. de Florence*, I, 78 et s.

(4) Les statuts de Pise, de Pistoie sont parmi les plus anciens; on trouve également à Sienne des traces d'un statut de 1179.

romaniste que nous avons vu naître en Toscane, en se joignant aux courants venus des écoles de Rome, de Pavie, de Ravenne contribua à former le grand fleuve de la science de Bologne; cette influence toscane se manifesta, en effet, à Bologne, le premier représentant fut peut-être Pepo; peu de temps après nous trouvons dans l'école des glossateurs Bulgaro de Pise, qui représente dans l'école de Bologne un courant propre, Bandino et Burgundio de Pise. L'influence de l'école de Pise sur l'école de Bologne s'est probablement fait sentir dans les travaux qui se rapportent au Digeste : Pepo en parle comme d'une source que tous connaissent en Toscane, Bulgaro est le premier qui rappelle la *litera pysana.* Bandino s'occupe de la recension de ce texte, on sait qu'il y a eu un *Liber bandini;* Pise envoyait à Bologne les versions de Burgundio et la recension du Digeste à laquelle avait participé Bernardo de Crémone (1).

Si on apporte un jour des preuves certaines de l'origine toscane de la version de l'*Authenticum*, ce sera un élément de plus pour montrer l'influence exercée par les écoles toscanes sur l'école de Bologne pour la formation du *Corpus iuris.* En ce qui concerne cette source, le glossateur Cipriano de Florence représente à Bologne un courant caractéristique; il a largement par ses gloses illustré cette source dont les autres glossateurs se sont si peu occupés, et dans son commentaire, et c'est ce que ne font jamais les docteurs de Bologne, il s'est servi de l'*Épitome Juliani*(2), et des Novelles qui n'ont pas été glosées(3).

La haute idée que la Toscane se fit au moyen âge de la

(1) Nous pouvons affirmer aussi que les docteurs de Bologne sont en relation avec la ville de Pise dont ils font les louanges. En 1205 Azone se trouve sur le territoire de Pise (Chiappelli et Zdekauer. Un consulto di Azone dell' anno 1205. Pistoia, 1888, p. 12). Roffredo de Bénévent, qui avait certainement habité la Toscane, en parlant de Pise l'appelle *elegans Pisanorum civitas, Pandectarum iuris fidelissima gubernatrix* (Roffredo, Ordo iud. P. I. rubr. de act. edenda). Bassiano avait déjà parlé de la *Prudentissima Pisana civitas* (Pillii, Tancredi, Gratiæ libri de iud. ord. ed. Bergmann, p. 12, n. 12).

(2) Chiappelli, Glosse d'Irnerio e della sua scuola, Glosse di Cipriano.

(3) Savigny, *op. cit.*, Cipriano a également étudié les *Tres libri* du Code, si peu étudiés au moyen âge.

science du droit est peut-être confirmée par les peintures qui parent la célèbre chapelle des Espagnols à S. Maria Novella, à Florence. Le peintre a ployé la jurisprudence au-dessous de la théologie en la séparant des sept sciences mondaines, et il l'a représentée par une des sept figures ecclésiastiques qui symbolisent la *ratio practica* en opposition à la *ratio speculativa*.

Après ce trop long exposé de données historiques il nous semble que nous pouvons affirmer que, pendant le XIe siècle, il y eut en Toscane une renaissance des études juridiques, qui ne doit pas être négligée par ceux qui recherchent les causes et les modes de développement de la science de Bologne. Ces recherches, comme celles de Fitting et d'autres historiens, nous montrent que l'école de Bologne fut le résultat du concours d'influence de diverses écoles; elles démontrent qu'au XIe siècle la science du droit avait déjà fait de grands progrès. En nous engageant dans les sentiers peu explorés de l'histoire du moyen âge nous nous apercevons que là où on ne croyait trouver que les ténèbres de la Barbarie, la critique historique découvre des centres importants de culture, jusqu'ici oubliés.

BAR-LE-DUC. — IMPRIMERIE CONTANT-LAGUERRE.

IMPRIMERIE
CONTANT-LAGUERRE
LVX VITAM
BAR-LE-DUC

www.ingramcontent.com/pod-product-compliance
Ingram Content Group UK Ltd.
Pitfield, Milton Keynes, MK11 3LW, UK
UKHW022010260726
13994UKWH00004B/1997